Rolf Steininger

HIROSHIMA

6. August 1945 – 8:15:17

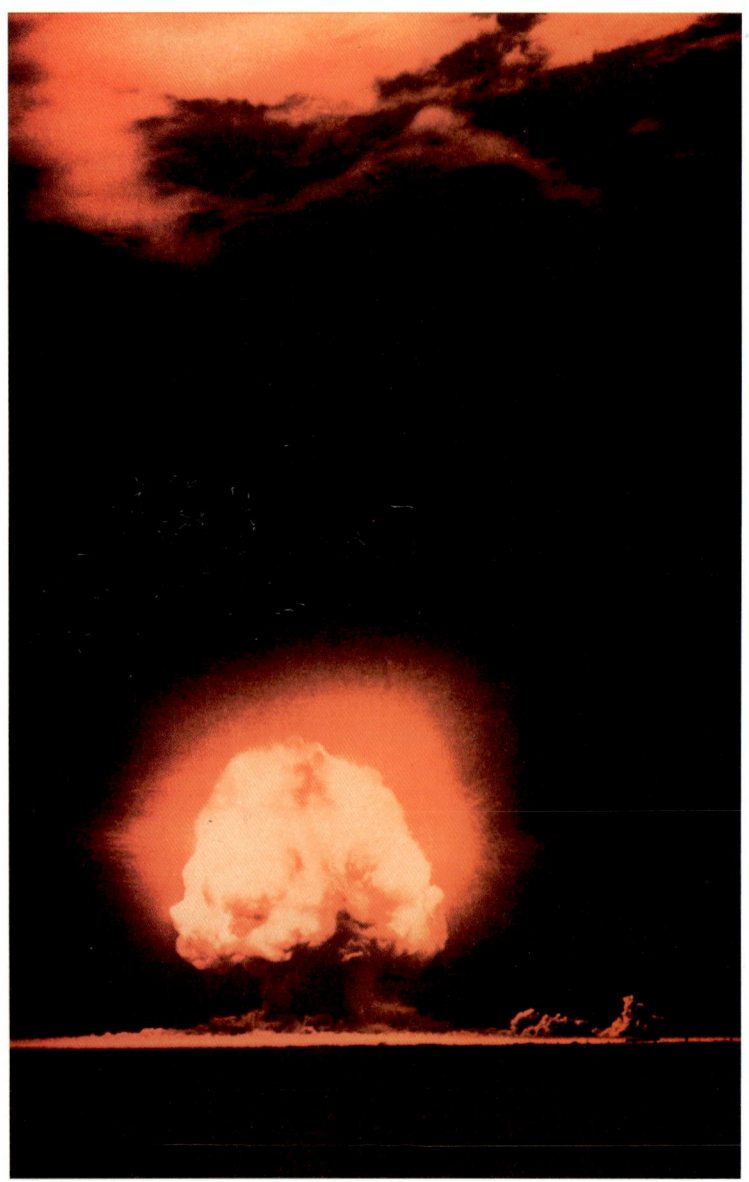

Explosion der *Trinity Test*-Atombombe, koloriertes Foto, 16. Juli 1945.

Inhaltsverzeichnis

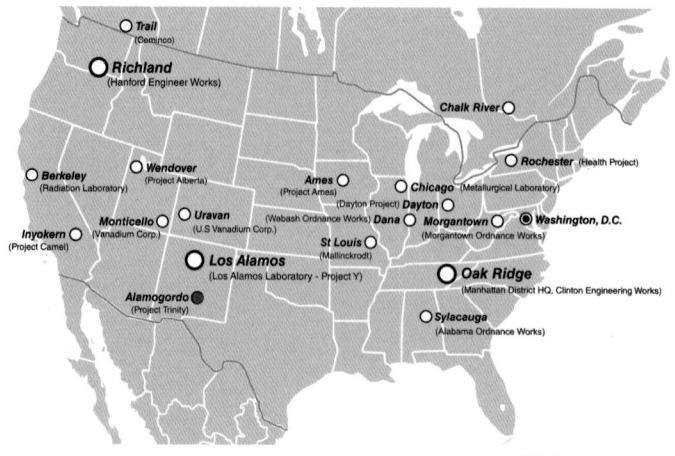

Die wichtigsten amerikanischen und kanadischen Produktionsstätten für das Manhattan-Projekt zum Bau der Atombombe.

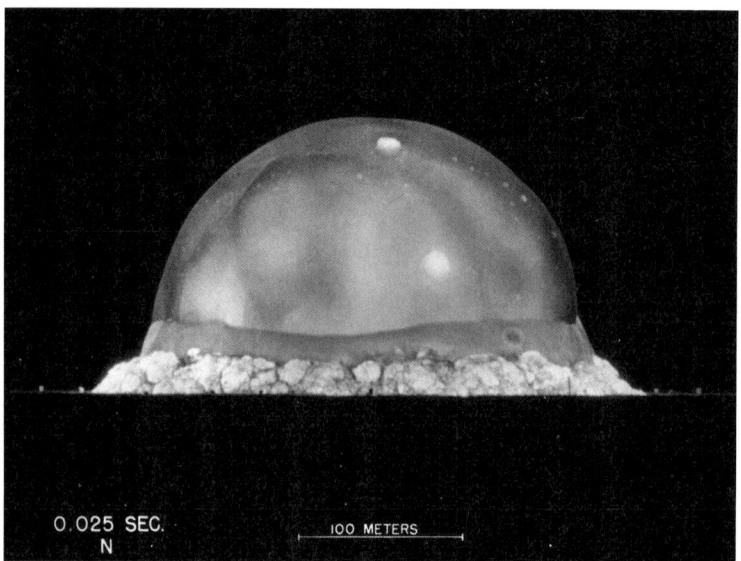

16. Juli 1945, 5:29:45 Uhr: Der erste Atombombentest in der Nähe von Alamogordo im US-Bundesstaat New Mexico, 25 Millisekunden nach der Zündung.

Erfolgreicher Test

Am 16. Juli 1945, um 5:29:45 Uhr, begann das Atomzeitalter. In der Nähe des Städtchens Alamogordo in der Wüste des US-Bundesstaates New Mexico wurde die erste Atombombe erfolgreich gezündet. Der *Trinity Test* – den Codenamen hatte Robert Oppenheimer, der wissenschaftliche Leiter des Projekts, nach einem Gedicht von John Donne gewählt – übertraf alle Erwartungen. Die Bombe entwickelte eine Energie von 20.000 Tonnen herkömmlichen Sprengstoffs TNT. Der Boden im Versuchsgebiet *Ground Zero* – von daher auch die Bezeichnung für spätere Zerstörungen, etwa nach den Terroranschlägen vom 11. September 2011 in New York – senkte sich um zwei Meter und wurde zu Glas. Der Atomblitz wurde noch im Umkreis von 300 km bemerkt, die Explosion noch in 160 km Entfernung gehört. Den Journalisten wurde eine vorbereitete amtliche Erklärung übergeben: „Ein großes Munitionslager explodierte heute Morgen in der Nähe des Luftwaffenstützpunktes Alamogordo."

Der militärische Leiter des Projekts, General Leslie Groves, war überzeugt: „Der Krieg ist aus. Ein oder zwei dieser Bomben und Japan ist erledigt."

Die Nachricht von der erfolgreichen Explosion erhielt US-Kriegsminister Henry L. Stimson in Potsdam – wo zur gleichen Zeit die „Großen Drei" (US-Präsident Harry S. Truman, Kremldiktator Stalin und der britische Premierminister Winston Churchill) tagten – mit dem Satz: *„Baby is born."* Die Mitarbeiter, die nicht wussten, was gemeint war, wunderten sich, dass Stimson in seinem hohen Alter – er war 77 – noch einmal Vater geworden war. Tatsächlich aber hatte das Atomzeitalter begonnen. In einem zweiten Telegramm an Stimson hieß es: „Der Doktor ist soeben zurückgekehrt und ist ganz begeistert und zuversichtlich, dass der kleine Junge genauso stark ist wie sein großer Bruder." (Das hieß: es gab zwei einsatzbereite Bomben: der kleine Junge war *Little Boy*, eine Uranbombe, der große Bruder war *Fat Man* eine Plutoniumbombe; der Doktor war Robert Oppenheimer.)

Die Nachricht versetzte Truman in höchste Erregung. Stimson notierte am 21. Juli: „Der Präsident war ungeheuer aufgekratzt und sprach immer wieder mit mir darüber, wenn wir zusammenkamen. Er sagte, es gebe ihm ein völlig neues Gefühl der Zuversicht, und danke mir dafür, dass ich mit zur Konferenz gekommen und anwesend sei, um ihm zur Seite zu stehen." Die Bombe, so Stimson, würde die amerikanische Politik auf allen Gebieten beeinflussen.

Als Stimson Churchill informierte, gestikulierte der mit seiner Zigarre und antwortete erregt: „Was war das Schießpulver? Trivial! Was war die Elektrizität? Eine Kleinigkeit! Diese Atombombe ist das schreckliche Weltgericht!"

RBM Vintage Images / Alamy Stock Photo, JFPKWD

Geschmolzene Reste: auf dem *Ground Zero*-Gelände *White Sands* in der Wüste von New Mexico. In der Mitte der Gruppe (mit dem hellen Hut): Dr. J. R. Oppenheimer und Major General Leslie R. Groves, 16. Juli 1945.

Der Einsatzbefehl

Am 24. Juli 1945 erteilte Präsident Truman von Potsdam aus dem Oberkommandierenden der Strategischen Luftwaffe, General Carl Spaatz, folgenden Befehl zum Einsatz der Atombombe:

„1. Die Sondergruppe 509 der 20. Luftflotte wird ihre erste Spezialbombe, sowie das Wetter nach dem 3. August 1945 [ein Tag nach Ende der Potsdamer Konferenz] Bombardierung nach Sicht gestattet, auf eines der folgenden Ziele abwerfen: Hiroshima, Kokura, Nagasaki oder Niigata. Zusätzliche Maschinen werden das Bombenflugzeug begleiten, um Offizieren und Wissenschaftlern des Kriegsministeriums die Beobachtung der Bombenexplosion und ihrer Wirkung zu ermöglichen. Die Beobachtermaschinen werden sich einige Meilen vom Explosionszentrum entfernt halten.

2. Sowie weitere Bomben zur Verfügung stehen, sind sie auf die obengenannten Ziele abzuwerfen. Für weitere Bombardierungen sind Instruktionen abzuwarten.[...]"

Als Truman Stalin am selben Tag von der neuen Bombe unterrichtete – ohne das Wort Atombombe zu benutzen –, blieb dieser scheinbar vollkommen ungerührt, so als wisse er nicht, was diese Nachricht wirklich bedeutete. Er saugte ungerührt an seinem Zigarillo und meinte nur, er hoffe, die Amerikaner würden die neue Waffe gegen Japan einsetzen.

Wir wissen heute, dass Stalin über die amerikanische Atomforschung sogar besser informiert war als Truman, der erst bei der Amtsübernahme nach dem Tod von Roosevelt am 12. April von Stimson in das Atomgeheimnis eingeweiht worden war. Stalins Spione in Los Alamos hatten gute Arbeit geleistet. Gegenüber Geheimdienstchef Berija meinte er: „Truman will Druck auf uns ausüben, uns beherrschen. Seine Haltung ist

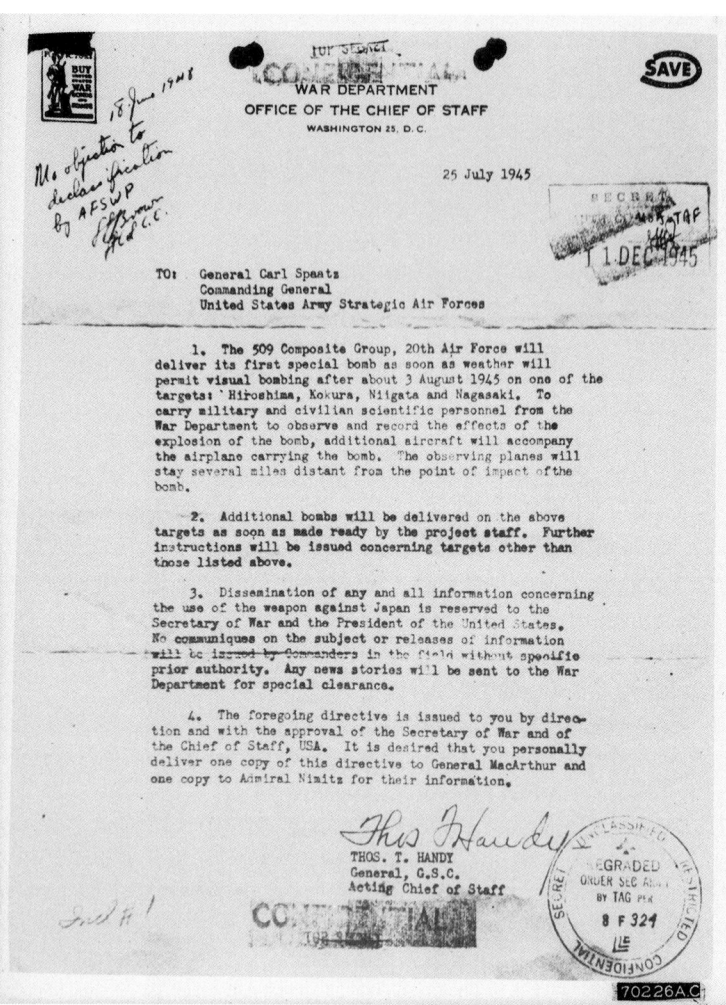

Der Befehl zum Abwurf der Bombe, weitergeleitet vom amtierenden Stabschef, General Thomas Handy, in Washington an General Carl Spaatz auf Guam.

besonders aggressiv gegenüber der Sowjetunion. Natürlich ist die Atombombe von Vorteil für Truman. Aber eine Politik der Erpressung und der Einschüchterung ist für uns inakzeptabel."

Am 26. Juli forderte Truman Japan von Potsdam aus ultimativ zur bedingungslosen Kapitulation auf. Im letzten Satz wurde drohend angekündigt: „Andernfalls bleibt für Japan nur seine sofortige und totale Vernichtung." Über den für Tokio entscheidenden Punkt, das Schicksal des Kaisers, sagte das Ultimatum nichts, ebenso wenig wurde die Atombombe erwähnt.

Tokio hatte Moskau wenige Tage zuvor um Vermittlung gebeten, hoffte auf bessere Kapitulationsbedingungen und beschloss, auf das Ultimatum zunächst überhaupt nicht einzugehen – es weder anzunehmen noch abzulehnen. Als Ministerpräsident Suzuki die Haltung seiner Regierung der Presse erläuterte, benutzte er das Wort „mokusatsu", ein Wort, das sowohl „ignorieren", „kein Kommentar", als auch „mit Verachtung strafen" bedeutet. Das Letztere hatte Suzuki nicht gemeint, aber so wurde es in Amerika aufgefasst. Am 30. Juli lautete die Schlagzeile der „New York Times": „Japan lehnt das alliierte Ultimatum zur Kapitulation offiziell ab." Und Kriegsminister Stimson notierte:

„Es blieb uns nichts anderes übrig, als den Japanern vor Augen zu führen, dass das Ultimatum genau das bedeutete, was es sagte, und um das zu tun, besaßen wir in der Atombombe ein geeignetes Mittel."

Das Verhängnis war nicht mehr aufzuhalten.

Kurz nach der Explosion, Hiroshima, 6. August 1945.

Die Vorgeschichte

Begonnen hatte alles am 2. August 1939 mit jenem inzwischen berühmten Brief von Albert Einstein an US-Präsident F. D. Roosevelt, in dem er vor einer möglichen Atombombe Nazi-Deutschlands warnte. Roosevelt hatte am 19. Oktober geantwortet und mitgeteilt, er habe ein Komitee aus Zivilisten und Militärs eingerichtet, die das Problem weiter untersuchen sollten. Am 19. Januar 1942, sechs Wochen nach dem japanischen Überfall auf Pearl Harbor, erteilte der Präsident dann die Genehmigung zu vorbereitenden Arbeiten für den Bau der Bombe. Der militärische Leiter wurde General Leslie Groves, der wissenschaftliche Leiter Robert Oppenheimer. Groves begann mit organisatorischen Arbeiten im New Yorker Stadtteil Manhattan *(Manhattan Engineer District)*; von da an hieß das Unternehmen Manhattan Projekt. Im Sommer 1942 stampfte General Groves die Forschungsstadt *Site Y* bei Los Alamos in der Wüste von New Mexico, 50 km von Santa Fe entfernt, aus dem Boden. Der Ort war wegen seiner Einsamkeit, der Trockenheit und der statischen Elektrizität gewählt worden. Am 28. Dezember 1942 erteilte Präsident Roosevelt dann die definitive Genehmigung zum Bau der Bombe, nachdem ihm mitgeteilt worden war, dass sie bis 1944 fertiggestellt werden könnte: geplante Kosten 500 Mio. Dollar. Von nun an arbeiteten etwa 100.000 Menschen unter höchster Geheimhaltung direkt und indirekt an diesem Projekt.

Am 22. Juni 1945 beging Japans Oberbefehlshaber auf Okinawa, General Ushijima, Selbstmord. Das war das Ende der blutigen Schlacht um diese Insel mit hohen Verlusten auf beiden Seiten: 100.000 Japaner und 12.520 Amerikaner waren tot. Mit Okinawa war die letzte Bastion vor dem japanischen Mutterland gefallen. Wenige Stunden nach Ushijimas Tod er-

Am 1. April 1945 beginnen die Amerikaner mit der Invasion Okinawas. Erst am 22. Juni haben sie die Insel erobert.

teilte der japanische Kaiser dem Obersten Kriegsrat die Weisung, in formelle Friedensverhandlungen einzutreten. Nach allen Regeln der Vernunft war Japan bereits besiegt. Die US-Luftwaffe verstärke ihre Angriffe auf Japans Städte. Im Juni wurden dreimal so viel Bomben abgeworfen wie im März. Die Auswirkungen der Bombardements waren unbeschreiblich. Die Moral der Bevölkerung brach zusammen, besonders als die Amerikaner Flugblätter mit genauer Ankündigung der nächsten Angriffe abwarfen. 8,5 Millionen Menschen flohen daraufhin aus den Städten, die gesamte Rüstungsproduktion ging schlagartig zurück. Am 2. Juli gab der japanische Rundfunk die Evakuierung von sechs Million Einwohnern Tokios bekannt. Bis auf 200.000 Menschen sollten alle die Hauptstadt verlassen.

Mitte Juli versenkte eine anglo-amerikanische Flotte aus 130 Schiffen in den Buchten von Tokio und Kure die letzten

Ein Techniker und die Plutoniumbombe *Fat Man*, Tinian, Marianen-Inseln, westlicher Nordpazifik, 1. August 1945.

japanischen Kriegsschiffe. Die Küstengewässer Japans waren vermint, die Küstenschifffahrt kam fast vollständig zum Erliegen, das Land war von sämtlichen Rohstoffen abgeschnitten, die Gefahr einer Hungersnot wuchs. Ende Juni waren die großen Städte Tokio, Osaka, Nagoya, Kobe und Yokohama zu 65 Prozent zerstört.

Die Friedenspartei in Tokio verstärkte ihre Bemühungen, den Krieg zu beenden. Die Sowjetunion wurde um Vermittlung gebeten, obwohl Moskau am 5. April für 1946 den Neutralitätspakt mit Tokio gekündigt hatte. Moskau unterrichtete seine Verbündeten nicht von den japanischen Friedensfühlern. Washington wusste es dennoch: man hatte die japanischen Funksprüche abgehört und entschlüsselt; außerdem gab es in der Schweiz zahlreiche Kontakte mit dem amerikanischen Geheimdienst.

Japans militärische Führer dachten allerdings nicht an eine Beendigung des Krieges. Sie bereiteten eine Art Götterdämmerung für das japanische Volk vor: würde die Invasion beginnen, würde eine letzte Schlacht geschlagen. Wo Gewehre fehlten, wurden Bambusspeere verteilt.

In den USA gingen mittlerweile die Vorbereitungen für den Einsatz der Atombombe weiter. Eine Spezialeinheit von B-29 Bombern unter dem Befehl des 30-jährigen Oberst Paul W. Tibbets wurde im April auf die Marianeninsel Tinian im Pazifik verlegt. Schon seit Herbst 1944 übte diese Abteilung den Abwurf der vorgesehenen Atombombe. Am 2. Mai 1945 tagte in Washington jener Ausschuss, der zwei Bombenziele in Japan auswählte.

Für den Fall schlechten Wetters mussten darüber hinaus zwei Ersatzziele angeflogen werden können. Es musste sich um militärisch wichtige Ziele handeln (Militärbasen, Rüstungsindustrie), die außerdem noch nicht zu sehr von der amerikanischen Luftwaffe angegriffen worden wären – das hätte den Erfolg verringert. Man einigte sich auf vier Städte: Hiroshima (großer Hafen, militärisch wichtig), Kokura (wichtigstes japanisches Arsenal), Niigata (großer Hafen, Ölraffinerie, Aluminiumfabrik), Kioto (zahlreiche Kriegsindustrien). Stimson strich Kioto dann wegen seiner Kunstschätze aus dieser Liste und ersetzte es durch Nagasaki (größter Hafen, Werften, Rüstungsindustrie). General Groves protestierte vergebens.

Alles war bereit für den Einsatz der Bombe. Nur wenige der an dem Projekt beteiligten Wissenschaftler wurden von späten Skrupeln geplagt. Sie rieten, die Vernichtungskraft der Bombe den Japanern zunächst in einem Versuch zu demonstrieren, sie über unbewohntem Gebiet, etwa in der Bucht von Tokio, abzuwerfen und auf diese Weise das Land zur Kapitulation zu veranlassen.

Doch ein Ausschuss unter Leitung von Stimson entschied anders und empfahl Präsident Truman – Nachfolger des am 12. April verstorbenen Roosevelt – am 1. Juni 1945 den Einsatz gegen Japan, und zwar ohne vorhergehende Warnung und „ohne Rücksicht auf mögliche zivile Opfer". Die Wirkung der neuen Bombe sollte den Japanern eindeutig vor Augen geführt werden. Dazu Truman in seinen Memoiren:

„Die Mitglieder des Komitees kamen zu dem Schluss: wir sind nicht in der Lage, eine Demonstration vorzuschlagen, die den Krieg beenden würde, und sehen daher keine andere Möglichkeit als den direkten militärischen Einsatz."

Am 18. Juni 1945 fand im Weißen Haus eine entscheidende Besprechung über die Weiterführung des Krieges im Pazifik statt. Truman gab sein Einverständnis zur ersten Phase des Unternehmens *Olympic*, der Invasion Japans, die am 1. November beginnen sollte. Generalstabschef George Marshall hatte ihm versichert, dass die Zahl der Toten und Verwundeten auf amerikanischer Seite 63.000 nicht überschreiten würde. Aber die Invasion war nicht das einzige Thema dieser Besprechung. Zum ersten Mal wurde in diesem Kreis auch darüber gesprochen, ob der Krieg möglicherweise auf politischem Wege beendet werden könnte. Japan solle die Chance erhalten, Kaiserreich zu bleiben. Damit würde für die Führung in Tokio die alles entscheidende Voraussetzung zur Beendigung des Krieges geschaffen. Für den Fall der Ablehnung sollte mit dem Einsatz der Atombombe gedroht werden. Truman war einverstanden und bat um einen entsprechenden Entwurf.

Der stellvertretende Kriegsminister John C. McCloy und zwei Vertreter des State Department erarbeiteten in den folgenden Tagen eine 13-Punkte-Erklärung, in der zwar die bedingungslose Kapitulation gefordert wurde, aber Punkt 12 enthielt die für Japan wichtigste Einschränkung – die Möglichkeit, das Kaiserhaus zu erhalten:

„Die Besatzungstruppen der Alliierten werden abziehen, sobald diese Ziele verwirklicht sind und in Übereinstimmung mit dem frei zum Ausdruck gebrachten japanischen Volkswillen eine verantwortliche, friedliebenden Regierung gebildet ist. Dies kann auch eine konstitutionelle Monarchie unter der gegenwärtigen Dynastie einschließen, falls die friedliebenden Nationen von der aufrichtigen Entschlossenheit einer solchen Regierung überzeugt werden können, dass sie eine Friedenspolitik verfolgt, die die Entwicklung eines aggressiven Militarismus in Japan zukünftig unmöglich macht."

Am 2. Juli stimmte Truman dieser Erklärung zunächst zu, schloss sich dann aber James F. Byrnes an. Byrnes, seit dem 3. Juli neuer Außenminister, bestand mit den „Falken" im State Department und im Kongress auf der bedingungslosen Kapitulation und lehnte den zweiten Satz von Punkt 12 ab. Ähnlich sah das der ehemalige Außenminister Cordell Hull. Auch für ihn hörte sich dieser Satz zu sehr nach „Beschwichtigungspolitik" an. Dies entsprach der Stimmung in der amerikanischen Öffentlichkeit, wie eine Meinungsumfrage des Gallup-Instituts deutlich machte: ein Drittel der Befragten sprach sich für die Hinrichtung Kaiser Hirohitos aus, 37 Prozent waren zwar für ein Gerichtsverfahren, erwarteten aber lebenslängliche Haft oder Exekution; nur 7 Prozent meinten, man solle den Kaiser entweder in Ruhe lassen oder ihn als Marionette benutzen. Der Satz wurde gestrichen.

nsf / Alamy Stock Photo, DH6F89

James F. Byrnes (links) und Harry S. Truman (rechts) während der Schifffahrt zur Konferenz von Potsdam, Juli 1945.

Hiroshima

Am 6. August startete die B-29 *Enola Gay*, so genannt nach der Mutter des Piloten Paul Tibbets, um 2:45 Uhr auf der Insel Tinian mit der Uranbombe *Little Boy* an Bord: drei Meter lang, 70 cm Durchmesser, etwas mehr als vier Tonnen schwer, mit einer Sprengkraft von 13.000 Tonnen herkömmlichen Sprengstoffs TNT. Es gab große Befürchtungen bei den Militärs, dass der Start misslingen und die Bombe vorzeitig explodieren könnte. William L. Laurence, der als einziger Journalist mit Zustimmung der US-Regierung das Manhattan Projekt begleitet hatte, berichtete später:

„Als dem General gemeldet wird, es bestehe Gefahr, dass bei einem Fehlstart die ganze Insel in die Luft fliegt, antwortet er: ‚Wir müssen beten, dass das nicht geschieht'."

Um das Risiko eines Unfalls beim Start zu senken, wurden die letzten Schritte des Zusammenbaus der Bombe dann erst während des Fluges auf dem Weg nach Hiroshima ausgeführt. Nach etwas mehr als 5 Stunden war die *Enola Gay* am Ziel. Um genau 8:15 Uhr und 17 Sekunden öffnete sich ihr Bombenschacht. *Little Boy* schwebte 43 Sekunden am Fallschirm und explodierte dann in etwa 600 Meter Höhe über dem Zentrum Hiroshimas.

In der Stadt brach die Hölle los. Ein Feuerball von 100 m Durchmesser strahlte für kurze Zeit eine ungeheure Hitze aus, stärker als auf der Oberfläche der Sonne. Dachziegel und Steine schmolzen, auf den Treppenstufen eines Bankgebäudes wurde der Schatten einer menschlichen Gestalt eingebrannt. Viele Menschen in unmittelbarer Nähe des Explosionszentrums wurden einfach zu Asche. Noch in einer Entfernung von vier Kilometern verbrannte die Haut, die Brandwunden waren entsetzlich. Augen, Nasen, Münder wurden weggebrannt,

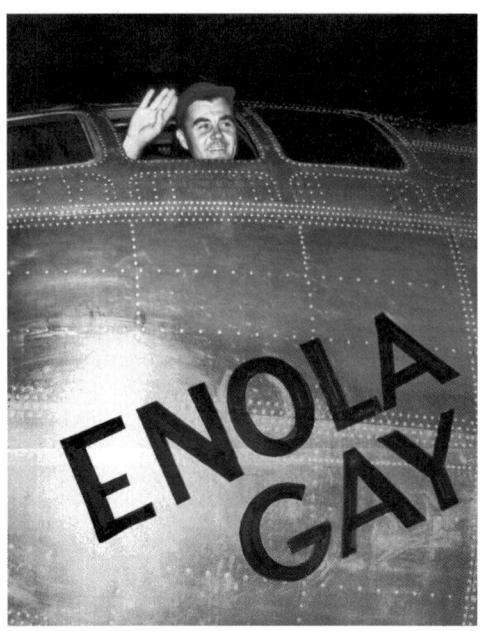

ullstein bild – Pictures from History, 04951165

Paul Tibbets und „seine" B-29 vor dem Abflug nach Hiroshima, 6. August 1945.

Ohren förmlich abgeschmolzen. Man konnte die Vorderseite des Körpers oft nicht vom Rücken unterscheiden.

Der Feuerball saugte Millionen Tonnen Staub und pulverisierter Trümmer auf, die im gleichen Augenblick die große, hässliche Pilzwolke zu bilden begannen. Nach der Hitze kam eine furchtbare Druckwelle. Sie fegte alles hinweg, zermalmte Wohnhäuser und begrub ihre Bewohner unter sich, riss den Menschen Kleidung und die verbrannte Haut vom Körper. Das Fleisch war nass und schwammig. Viele Menschen wurden irrsinnig.

Der Druckwelle folgten Stürme, die die Bäume entwurzelten. Dann kam das Feuer. Die Hitze der Bombe entzündete viele Holzbauten. Bald raste ein Feuersturm durch die Straßen. Nach sechs Stunden war Hiroshima ein Feuermeer und wurde zu einem gigantischen Scheiterhaufen.

Hiroshima nach Freilegung der Straßen, Februar 1946.

Die Stadt war den Flammen auf Gedeih und Verderb aus-
geliefert. 70 Prozent der Feuerwehrausrüstung waren zerstört, 80 Prozent des Feuerwehrpersonals tot oder ver-
schwunden, die Wasserrohre in der Hitze geschmolzen. „Drei
Tage lang brannte die Stadt, und die Asche qualmte noch
mehr als eine Woche lang", heißt es in dem offiziellen japanischen Bericht.

Überall lagen Tote und Verwundete. Viele Menschen spran-
gen in den Fluss Ota, an dem Hiroshima liegt, um den Flammen
zu entgehen, und ertranken. Die noch lebten trieben flussab-
wärts und stießen auf die Toten. Einige Minuten nach der Explosion setzte ein radioaktiver Regen ein, geschwärzt durch
Ascheteilchen. Dieser „schwarze Regen" vergrößerte die Panik
unter den Überlebenden. Eine einzige Bombe hatte aus Hiroshima eine verbrannte Wüste gemacht. Von 45 Krankenhäu-
sern waren nur drei stehengeblieben, von 290 Ärzten nur 28
unverletzt, von 1780 Krankenschwestern nur 126.

Es gibt keine genauen Angaben über die Zahl der Toten. Niemand weiß, wie viele Soldaten und koreanische Zwangsarbeiter umgekommen sind. Hiroshima war damals Kommandostelle der 2. Armee mit der größten Truppenansammlung Südjapans. 1960 nannte eine amerikanische Kommission 80.000 Tote, im Friedensmuseum von Hiroshima findet sich die Zahl 240.000.

Als Präsident Truman die Nachricht vom Abwurf der Bombe erhielt, rief er triumphierend aus: „Dies ist das größte Ereignis der Geschichte."

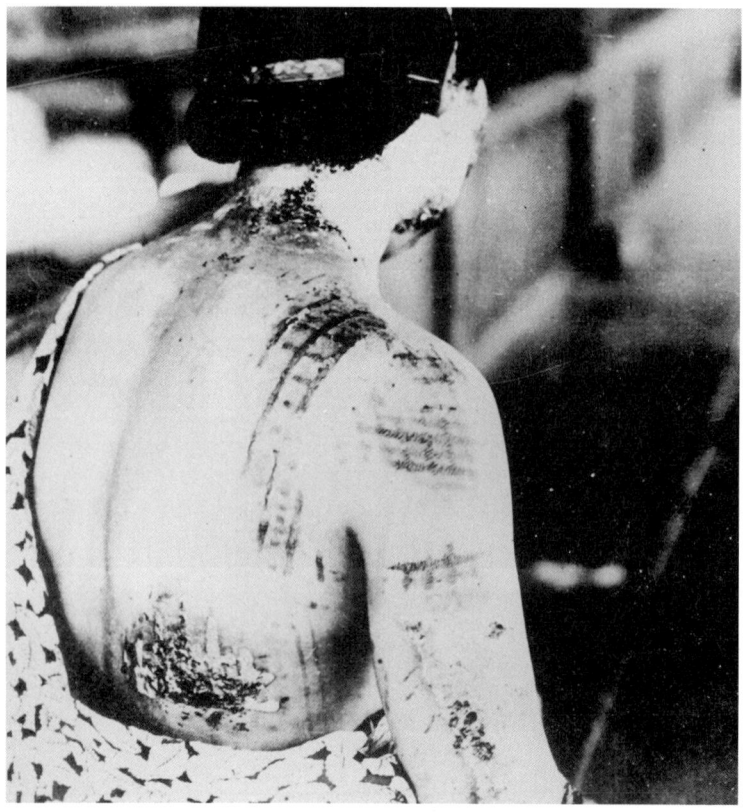

Opfer des Atombombenabwurfes (Hiroshima oder Nagasaki), August 1945.

Nagasaki

Die Amerikaner entfachten nach Hiroshima eine intensive Propagandakampagne. 16 Millionen Flugblätter wurden über 47 japanischen Städten abgeworfen. Darin wurde auf das Potsdamer Ultimatum verwiesen, erneut die Kapitulation gefordert und mit der Fortsetzung der Bombardierung gedroht. Gleichzeitig wurde der Termin für den Abwurf der zweiten Bombe vom 11. auf den 9. August vorverlegt. Je eher der zweite Schock dem ersten folgte, umso größer würde die psychologische Wirkung sein.

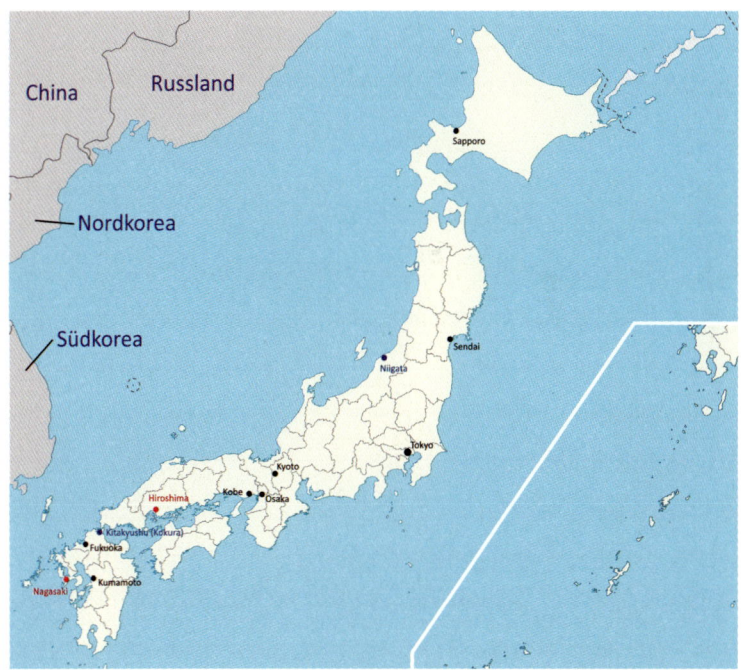

Wikimedia Commons, Maximilian Dörrbecker

Am 9. August 1945, um 11:01 Uhr, fiel die zweite Atombombe: *Fat Man* – eine Plutoniumbombe mit 22.000 Tonnen TNT-Sprengkraft. Diesmal war Nagasaki das Ziel. Die Bombe hätte eigentlich Kokura treffen sollen, aber Wolken verhinderten den „Abwurf nach Sicht". Es war wie eine Wiederholung von Hiroshima. Auch Nagasaki versank in Schutt und Asche. Auch für diese Stadt schwanken die Angaben über die Zahl der Toten: sie reichen von 20.000 bis 150.000. Bei all dem Elend fragten sich Statistiker noch, warum es nicht mehr Tote gab. Denn diese Bombe war wesentlich stärker als die von Hiroshima. Bei dem makabren Rechenexempel wurde eine Begründung gegeben, die fast wie eine fatale Entschuldigung klang: Dank des hügeligen Geländes konnte sich die Explosionskraft nicht in aller Grausamkeit entfalten.

ullstein bild - LEONE, 05075767, Lt. Victore Jorgensen

Der fremde Kuss auf dem Times Square in New York nach Bekanntwerden der japanischen Kapitulationsbereitschaft am 14. August 1945. Das berühmte Originalfoto des in Ostpreußen geborenen Fotojournalisten Alfred Eisenstaedt war am 27. August 1945 auf der Titelseite von „Life" und wurde zur Ikone.

„Das Unerträgliche ertragen":
Japan kapituliert

Wenige Stunden, bevor Nagasaki zerstört wurde, marschierte die Rote Armee in die Mandschurei ein. Die Japaner hatten auf die Vermittlung der Sowjetunion beim Friedensschluss gehofft. Statt dessen hatte Außenminister Molotow dem japanischen Botschafter am Abend zuvor im Kreml – unter Bruch des zwar gekündigten, aber noch bestehenden Neutralitätspaktes zwischen Japan und der Sowjetunion – die sowjetische Kriegserklärung übergeben. Die japanischen Soldaten leisteten einige Stunden Widerstand, wichen dann jedoch zurück. Ganze Divisionen ergaben sich. In den folgenden Tagen landeten sowjetische Truppen auch auf den Kurilen und im Süden Sachalins.

In dieser Situation und nach dem Abwurf der zweiten Bombe trat am späten Abend des 9. August im Bunker des Kaiserpalastes in Tokio der „Oberste Kriegsrat" zusammen: Ministerpräsident Suzuki, Außenminister Togo, Marineminister Yonai, Kriegsminister Anami sowie die Stabschefs von Armee und Marine, General Umezu und Admiral Toyoda.

Nach 25 Minuten erschien Kaiser Hirohito. Die Fronten waren klar: Suzuki, Togo und Yonai waren für die Kapitulation; einzige Bedingung: Die Stellung des Kaisers durfte nicht angetastet werden. Anami, Umezu und Toyoda stellten weitere Bedingungen: Japan müsse seine Kriegsverbrecher selbst aburteilen, seine Truppen selbst entwaffnen, die japanischen Hauptinseln dürften nicht besetzt werden. Es stand 3:3, keine Mehrheit, der Krieg würde weitergehen.

Der greise Suzuki hatte mit dieser Situation gerechnet und sich schon am Vormittag mit dem Kaiser abgesprochen. Hirohito teilte nun seine Entscheidung mit:

ullstein bild ADN Bildarchiv, 00322018

Am 9. August 1945 beginnt der sowjetische Einmarsch in die Mandschurei.
Die Bevölkerung begrüßt die Rote Armee als Befreier.

„Ich kann das Leiden meines unschuldigen Volkes nicht länger ertragen. Wir müssen den Krieg beenden und das alliierte Ultimatum in der vom Außenminister dargelegten Form annehmen."

Am Morgen des 10. August wurde die Antwort der japanischen Regierung auf das Potsdamer Ultimatum dem japanischen Botschafter in der Schweiz übermittelt. Der entscheidende Satz lautete: „Die japanische Regierung ist bereit, die Bedingungen unter der Voraussetzung zu akzeptieren, dass die Hoheitsrechte Seiner Majestät als Souveräner Herrscher nicht beeinträchtigt werden."

In Washington stand man damit vor dem gleichen Dilemma wie vor dem Abwurf der Atombomben. Am selben Tag hatte General Groves mitgeteilt, dass für den 17./18. August eine weitere Plutoniumbombe einsatzbereit sei. Da von der alten Liste nur zwei Ziele übrig geblieben waren, nämlich Kokura und Niigata, forderte er neue Ziele. Sein Stellvertreter, General Kenneth Nichols, schlug jetzt Tokio vor. Präsident Truman befahl dann allerdings den sofortigen Stopp weiterer Angriffe, solange die Kapitulationsverhandlungen liefen.

Dafür formulierte Außenminister Byrnes einen Kompromiss, den die Japaner als Erhalt des Kaiserhauses interpretieren konnten: Nach erfolgter Kapitulation sollten „die Autorität des Kaisers und die Befugnis der japanischen Regierung, das Land zu verwalten, der Zustimmung des Oberbefehlshabers der alliierten Mächte unterliegen".

Die Forderung von Byrnes, wonach der Kaiser die Kapitulationsurkunde unterzeichnen sollte, war nach Intervention der Briten fallengelassen worden. Die für die Japaner einigermaßen enttäuschende Antwort wurde in Tokio am 12. August, kurz vor 1:00 Uhr, über Kurzwelle aus San Francisco empfangen.

Ministerpräsident Suzuki wollte die Kapitulationsbedingungen trotzdem annehmen, während einige fanatische Offiziere sich zum Putsch rüsteten.

Am 14. August berief Hirohito wieder sein Kabinett ein. Man befand sich in der gleichen Sackgasse wie in der Nacht vom 9. auf den 10. August. Jetzt griff der Kaiser erneut ein. Es ging darum, den Krieg zu beenden:

„Ich bitte Sie, meine Minister, die Antwort der Alliierten unverzüglich zu akzeptieren. Ich ersuche Sie, sogleich ein kaiserliches Reskript abzufassen, damit ich die Nation über Rundfunk von meiner Entscheidung in Kenntnis setzen kann. Es ist nicht von Bedeutung, was mit mir geschieht. Doch wie soll ich mich vor den Geistern meiner Ahnen verantworten, wenn die Nation unter so gewaltigen Opfern an Menschenleben in Schutt und Asche gelegt wird? Darum muss ich, und müssen Sie, das Unerträgliche ertragen."

Es kam zum Putsch. Die Verschwörer, die ihren Kaiser verraten glaubten, besetzten Radio Tokio und suchten die Schallplatte mit der Ansprache des Tenno an sein Volk. Der Putsch blieb erfolglos; der Kaiser erfuhr erst am nächsten Morgen davon.

Am 15. August, um 12:00 Uhr mittags, wurde die Rede des Kaisers gesendet. Zum ersten Mal hörten die Japaner die Stimme ihres Kaisers und erfuhren, wie es um ihr Land stand:

„Der Feind hat jüngst eine unmenschliche Waffe eingesetzt und unserem unschuldigen Volk schlimme Wunden zugefügt. Die Verwüstung hat unberechenbare Dimensionen erreicht. Den Krieg unter diesen Umständen fortzusetzen, würde nicht nur zur völligen Vernichtung unserer Nation führen, sondern zur Zerstörung der menschlichen Zivilisation. Deshalb haben wir angeordnet, die gemeinsame Erklärung der Mächte anzunehmen."

Die Sprache war altmodisch, schwülstiges Hofjapanisch, und dennoch verstand jeder, was gemeint war: Japan hatte den Krieg verloren und kapitulierte. Vor dem Palast des Kai-

U. S. Department of Defense, Washington, D. C.

2. September 1945: An Bord der USS *Missouri* in der Bucht von Tokio während der Kapitulationszeremonie: die japanische Delegation unter Führung des neuen Außenministers Mamuro Shigemitsu (mit Stock) und General Yoshijiro Umezu, Chef des Stabes des Kaiserlichen Hauptquartiers.

sers verübten Piloten der Luftwaffe und Marineoffiziere stilgerecht Selbstmord durch Harakiri. Mit der Ansprache des Kaisers am 15. August war der Krieg zwar noch nicht offiziell, aber de facto zu Ende. Am 28. August landeten die ersten Amerikaner in Japan, am 30. August war der Oberbefehlshaber der alliierten Streitkräfte, General Douglas MacArthur, am Ziel: um 14:19 Uhr betrat er japanischen Boden. Drei Tage später, am 2. September 1945, unterzeichneten die Bevollmächtigten des Kaisers auf dem Schlachtschiff USS *Missouri*, das in der Bucht von Tokio ankerte, die Kapitulationsurkunde (die seitdem im *National Archives* in Washington zu besichtigen ist). Nach Meinung Trumans und seiner Berater sollte die Kapitulation in größtmöglicher Nähe zur japanischen Hauptstadt stattfinden, um den Japanern das ganze Ausmaß ihrer Niederlage klarzumachen. Aus Furcht vor Demonstrationen und möglichen Attentatsversuchen entschied man sich für eines der größten Schlachtschiffe der Welt. Neben der *Missouri* (die seit 1999 als Museumsschiff neben dem USS *Arizona Memorial* in Pearl Harbor ankert) lag an Steuerbord die *Iowa*, achtern die *South Dakota*, umgeben von Zerstörern, Truppentransportern und Geleitfahrzeugen.

Mit den abschließenden Worten General MacArthurs „Diese Verhandlungen sind abgeschlossen", war der Zweite Weltkrieg definitiv zu Ende. Anschließend überflogen 300 Kampfflugzeuge und 46 B-29 Superfestungen das Schiff. Insgesamt eine amerikanische Machtdemonstration der besonderen Art für die geschlagenen Japaner.

Die 44 Hektar große K-25-Anlage in Oak Ridge, Tennessee, USA, wo das Uran für die erste Atomwaffe produziert wurde, 1945.

Die weiblichen Arbeitskräfte, die als „die Calutron-Mädchen" bekannt sind. Die Calutron genannten Geräte wurden verwendet, um Uranerz zu spaltbarem Material zu raffinieren, Oak Ridge, Tennesse, 1944.

Warum der Abwurf?

Gab es einen zwingenden militärischen und/oder politischen Grund für den Abwurf der Bomben? Gab es die viel zitierte Alternative Einsatz der Bombe oder verlustreiche Invasion Japans? Japan war schon vorher am Ende. Es hatte praktisch keine Luftwaffe und keine Marine mehr, neun Zehntel des japanischen Schiffsraumes waren versenkt, die Industrie weitgehend zerstört, das Volk hungerte. Japan suchte nur noch erträgliche Kapitulationsbedingungen – bei Erhalt des Kaiserhauses –, konnte nicht mehr kämpfen, und es wusste dies auch selbst. Vor allen Dingen aber wussten es auch die Alliierten. Churchill schrieb später:

„Es wäre ein Fehler anzunehmen, dass das Schicksal Japans von der Atombombe entschieden wurde. Japans Niederlage war schon sicher, ehe die erste Bombe fiel; sie war durch die überwältigende Seemacht seiner Feinde herbeigeführt worden. Diese allein hatte es möglich gemacht, ozeanische Stützpunkte zu erobern, von denen man die letzten Angriffe starten und die Armee im Heimatland zur Kapitulation zwingen konnte, ohne noch einen Schuss abzugeben. Japans Schifffahrt war bereits völlig vernichtet."

Im amtlichen Bericht über den strategischen Bombenkrieg der USA heißt es, die Luftüberlegenheit hätte ausgereicht, um Japan zur bedingungslosen Kapitulation zu zwingen und eine Invasion überflüssig zu machen – auch ohne die Atombombenabwürfe.

Nach Meinung von Admiral Ernest King, dem damaligen Oberbefehlshaber der US-Kriegsmarine, hätte die Seeblockade allein Japan durch Hunger zur Kapitulation gebracht, wenn man bereit gewesen wäre zu warten. Der gleichen Meinung war Admiral William D. Leahy, Chef des Stabes im Weißen Haus und militärischer Berater sowohl Roosevelts als auch Trumans. Nach Kriegsende gab er ein hartes Urteil ab:

„Der Einsatz dieser barbarischen Waffe gegen Hiroshima und Nagasaki war für unseren Krieg gegen Japan keine konkrete Hilfe. Die Japaner waren bereits durch unsere wirksame Seeblockade und die erfolgreichen Angriffe mit konventionellen Bombern besiegt und zur Kapitulation bereit."

Auch General Dwight D. Eisenhower, der Oberbefehlshaber der siegreichen westalliierten Truppen in Europa, hielt den Einsatz der Bombe für vollkommen überflüssig. Er, Leahy und der Oberbefehlshaber der US-Luftwaffe, General Henry H. Arnold, sprachen sich noch in Potsdam gegen den Einsatz aus.

Warum wurden die Bomben dennoch abgeworfen? In seinen Memoiren begründete Truman den Einsatz so: „Ich möchte jedem Irrtum über diesen Punkt vorbeugen. Ich hielt die Atombombe für eine Waffe und habe nie daran gezweifelt, dass sie auch eingesetzt werden sollte."

So wie er dachte die Mehrheit seiner Berater. Auch Churchill machte sich, ungeachtet seiner späteren Zweifel, in seinen Erinnerungen diesen Standpunkt voll zu eigen: „Es bleibt die historische Tatsache, dass die Entscheidung, ob man die Atombombe einsetzen solle oder nicht, um die Kapitulation Japans zu erzwingen, niemals eine Streitfrage war."

Im Juni 1945 wusste Truman, dass die japanische Friedenspartei verzweifelt nach Frieden suchte und es ihr nur noch um den Erhalt des Kaiserthrones ging. Eine entsprechende Zusage, frühzeitig gegeben, hätte den Krieg wohl ohne Bombe beendet. Aber Amerika ignorierte sämtliche Friedensfühler und bestärkte den japanischen Widerstandswillen noch. Truman und Byrnes strichen den entscheidenden Satz (s. o.) im Potsdamer Ultimatum – nicht zuletzt auch aufgrund der öffentlichen Meinung in den USA. Unvergessen war der ohne Kriegserklärung erfolgte japanische Überfall auf die amerikanische Pazifikflotte in Pearl Harbor am 7. Dezember 1941, der das Selbstbewusstsein der amerikanischen Nation erschüttert hatte. Von dem Tag an wollten viele Amerikaner nur noch Rache für diesen „Tag der Schande, den wir nie vergessen werden", wie Präsident Roosevelt diesen Angriff am Tag danach im Kongress bei seiner Kriegserklärung an Japan bezeichnet hatte. Hinzu kamen die unvorstellbaren Kriegsgräuel der Japaner, insbesondere gegenüber amerikanischen Kriegsgefangenen. Washington verlangte die bedingungslose Kapitulation. Für die USA zählte noch ein weiteres Argument: mit dem Abwurf der Bomben wurde der Krieg abgekürzt und auf diese Weise der sowjetische Anteil am Sieg über Japan so gering wie möglich gehalten. Die Sowjetunion wurde denn auch, entgegen dem späteren Wunsch Stalins, von der Besatzung Japans ausgeschlossen. Die USA demonstrierten darüber hinaus der Welt, vor allem der Sowjetunion, ihr Atommonopol, ihre Überlegenheit bei der atomaren Rüstung.

Und noch ein Argument kam hinzu, wie Admiral Leahy enthüllte: „Die Naturwissenschaftler und auch andere wollten diese Waffe erproben wegen der riesigen Summen, die für dieses Projekt schon ausgegeben worden waren."

Es handelte sich um zwei Milliarden Dollar (nach heutigem Wert etwa 20 Milliarden; viermal so viel wie ursprünglich geplant), von denen der Kongress aus Gründen der Geheimhaltung nichts wusste. Ein führender Mitarbeiter des „Manhattan Projekts" sprach dies noch klarer aus:

„Die Bombe musste einfach ein Erfolg sein – so viel Geld war bereits dafür ausgegeben worden. Hätte sie versagt, wie hätten wir dann diese hohen Ausgaben rechtfertigen können? Man denke an den Entrüstungssturm in der Öffentlichkeit. Die Erleichterung aller Beteiligten, als die Bombe fertiggestellt und abgeworfen wurde, war enorm."

Evakuierung der Einwohner des Bikini-Atolls, Juni 1946.

25. Juli 1946: Atombombentest der USA (Operation *Crossroads*) auf dem Bikini-Atoll.

Operation *Crossroads* und der Baruch-Plan

Zwei Wochen nach Hiroshima untersuchten auch sowjetische Experten die zerstörte Stadt und schickten detaillierte Berichte nach Moskau.

„Hiroshima hat die ganze Welt erschüttert", meinte Stalin wenige Tage später zu führenden Atomphysikern seines Landes und fügte hinzu: „Die Balance zwischen den Mächten ist zerstört. Baut die Bombe. Damit wird eine große Gefahr von unserem Land genommen." Außenminister Molotow meinte, die Bomben „waren nicht gegen Japan gerichtet, sondern gegen die Sowjetunion". Stalin befürchtete damals, dass die USA angesichts ihres Atommonopols die Sowjetunion zwingen würden, in Europa und der Welt nachzugeben. Das aber, so Stalin, werde nicht geschehen. Die sowjetische Atomforschung wurde mit allen Mitteln vorangetrieben. Stalin brauchte die Bombe, um das Gleichgewicht der Kräfte wiederherzustellen.

Inzwischen bereiteten die Amerikaner mit der Operation *Crossroads* für Juli 1946 zwei neue Atombombenversuche vor, mit denen vor allem die Navy die Wirkung der Bombe auf Kriegsschiffe testen wollte (und offensichtlich Moskau gegenüber demonstrieren wollte, dass man über mehrere Bomben verfügte – was allerdings nicht der Fall war). Ein Atoll der Marshall-Inseln im Pazifik – weitab von allen Schifffahrtslinien – gelangte in diesem Zusammenhang zu zweifelhaften Ruhm: Bikini. Die 167 Bewohner mit ihrem Häuptling Juda hatten der Umsiedlung auf ein anderes Atoll zugestimmt. 73 Schiffe wurden um das Atoll herum zusammengezogen, darunter die Schlachtschiffe USS *Nevada* und USS *Pennsylvania*, die den japanischen Angriff auf Pearl Harbor im Dezember 1941 überstanden hatten, dann die Flugzeugträger USS *Saratoga* und USS *Independence*, fünf U-Boote und vor allen Dingen zahlreiche erbeutete japanische Schiffe. Auf den Schiffen hatte man Munition und Treiböl gelassen, um der Wirklichkeit möglichst nahe zu kommen; 2000 Ziegen dienten als eine Art „Besatzung".

Während auf dem Bikini-Atoll die Vorbereitungen für die erste Explosion am 1. Juli liefen, lief in der UNO in New York seit dem 14. Juni eine Debatte von höchster Wichtigkeit. Es ging um die Frage, wie die USA bzw. die Welt in Zukunft mit dem Wissen um die Atombombe umgehen würde. Die Amerikaner waren damals bereit, die Atomenergie für den Frieden zu verwenden und für den Krieg zu verbieten. In dramatischen Worten hatte der 77-jährige amerikanische Vertreter Bernhard Baruch, enger Vertrauter von Präsident Truman, die Weltgemeinschaft beschworen, den amerikanischen Plan zu akzeptieren: „Mitbürger der Welt, wir sind hier, um zwischen den Lebenden und den Toten zu wählen," und sich für einen entsprechenden Kontrollmechanismus zu entscheiden. Ein derartiger Mechanismus dürfe allerdings nicht allein aus „frommen Gedanken" bestehen, sondern müsse energische, unfehlbare Sanktionen enthalten, mit einem internationalen Gesetz „mit Zähnen" (*with teeth*) versehen werden, bei gleichzeitiger Abschaffung des Vetorechts der Mitglieder im UNO-Sicherheitsrat. Damit war in erster Linie die Sowjetunion gemeint, die bis zu diesem Zeitpunkt bei Aktionen der UNO mehrmals ihr Veto eingelegt hatte. Unter diesen Bedingungen erklärten sich die USA jedenfalls bereit, ihre Bomben den Vereinten Nationen zu übertragen, damit sie vernichtet würden, und seine Technik, damit sie für den Fortschritt der Menschheit nutzbar gemacht werde.

Fünf Tage später, am 19. Juni, präsentierte der sowjetische Vertreter Andrej Gromyko den Gegenvorschlag seiner Regierung: sofortige Vernichtung der vorhandenen Atomwaffen –

alle amerikanisch – und Verbot, neue herzustellen. Erst dann sollten die einzelnen Regierungen geeignete Verbotsmaßnahmen im nationalen Rahmen gesetzlich regeln, ohne Sanktionen, ohne internationale Überwachung.

Am 25. Juli legte er nach: Der „Baruchplan" sei mit dem Grundsatz der Souveränität der Staaten unvereinbar. Die Sowjetunion werde auf keinen Fall auf ihr Vetorecht verzichten und auch nicht akzeptieren, dass „sogenannte übernationale Kommissionen in ihr Gebiet einreisen, ihre Fabriken besichtigen, ihre Arsenale inventarisieren. Wir Russen sind berühmt wegen unserer Gastfreundschaft, aber wir geben Fremden nicht den Schlüssel zu unserem Schlafzimmer."

Offensichtlich war man in Moskau davon überzeugt, dass das amerikanische Monopol nicht so lange anhalten würde, wie sich das einige Amerikaner vorstellten. So war General Groves der Meinung, dass die Sowjets „20, 40, vielleicht 60 Jahre" brauchen würden, um eine Atombombe zu bauen. General Marshall glaubte gar, es würde ihnen vielleicht niemals gelingen. Die für die Atombombe verantwortlichen Wissenschaftler sahen das schon damals anders und meinten: „Drei Jahre haben uns genügt, um vom Laboratorium aufs Schlachtfeld zu gelangen. Andere Staaten sind imstande, im Verlauf von zwei bis fünf Jahren eine Atombombe herzustellen." 200 Universitätsprofessoren aus Harvard und dem berühmten *Massachusetts Institute of Technology (MIT)* unterschrieben ein Manifest, in dem eine ganz spezielle amerikanische Lösung vorgeschlagen wurde: „Die einzige Art und Weise, wie die Vereinigten Staaten das Monopol der Atombombe behalten können, besteht darin, *sofort* die Welt zu erobern."

Wahrscheinlich lag die sowjetische Reaktion auch darin begründet, dass der erste Versuch im Bikini-Atoll am 1. Juli offensichtlich nicht hundertprozentig gelungen war. Fast sämtliche Schiffe waren nämlich noch seetüchtig, auch die Unterseeboote waren noch manövrierfähig. Auf dem Flugzeugträger USS *Independence* ging der durch das Benzin entstandene Brand von selbst aus, fast alle Ziegen waren am Leben geblieben. Der zweite Versuch am 25. Juli war dann allerdings ein voller Erfolg: das Schlachtschiff USS *Arkansas*, der Flugzeugträger USS *Saratoga*, fünf Unterseeboote und zahlreiche andere Schiffe gingen unter.

ullstein bild, 02985965, Reinhard Dirscherl

Die USS *Saratoga*, eines der bei der Explosion untergegangenen Schiffe, sechzig Jahre danach.

Die Wasserstoffbombe

Die CIA hatte eine sowjetische Atombombe für 1953 vorausgesagt. Zur Überraschung der Amerikaner zündeten die Sowjets bereits am 29. August 1949 ihre erste Bombe. Präsident Truman ordnete daraufhin am 31. Januar 1950 mit folgenden Worten den Bau einer noch viel stärkeren Waffe an – der Wasserstoffbombe:

„Es ist Teil meiner Verantwortung als Oberbefehlshaber der Streitkräfte, dafür zu sorgen, dass unser Land sich gegen jeden möglichen Aggressor verteidigen kann. Ich habe daher die *Atomic Energy Commission* angewiesen, die Arbeit an allen Arten von atomaren Waffen fortzusetzen, einschließlich der sogenannten Wasserstoff- oder Superbombe."

Die entsprechende Sitzung des Nationalen Sicherheitsrates hatte nur 7 Minuten gedauert.

Und dies alles gegen den Rat von Albert Einstein und J. Robert Oppenheimer, dem „Vater der Atombombe". Edward Teller, der an der Entwicklung der Atombombe mitgearbeitet hatte, hatte weniger Skrupel und drängte auf den Bau der Bombe. Inzwischen herrschte tiefster Kalter Krieg. Teller baute die Bombe und dehnte damit, wie er es selbst ausdrückte, die Herrschaft des Menschen über die Natur aus. Man nannte ihn später den „Vater der Wasserstoffbombe".

Als am 24. September 1951 – mitten im Koreakrieg – die Sowjetunion ihre zweite Atombombe testete, wurde die Entwicklung der Wasserstoffbombe beschleunigt. Termin: Ende 1952. Der in der Vergangenheit immer wieder Truman gegenüber erhobene Vorwurf, er habe mit seiner Entscheidung vom Januar 1950 als erster eine neue Stufe des atomaren Wettlaufs eingeleitet, trifft nicht zu: Stalin hatte den Beschluss zum Bau einer Wasserstoffbombe vor Truman gegeben.

Am 29. August 1949 zündet die Sowjetunion ihre erste Atombombe; hier ein Modell im Polytechnischen Museum Moskau.

Am 1. November 1952 um 7:14 Uhr Ortszeit wurde die Wasserstoffbombe *Ivy Mike* auf der Insel Elugelab des Eniwetok-Archipels der Marshall-Inseln im westlichen Pazifik gezündet, da, wo schon 1948 Nuklearwaffen getestet worden waren.

Zuerst explodierte im Inneren dieser Bombe eine „normale" Atombombe. Diese Kernspaltung erzeugte so viel Energie, dass ein nie zuvor künstlich erzeugter Prozess in Gang gesetzt wurde: Flüssiges, auf minus 250 Grad Celsius gekühltes Deuterium, also „schwerer Wasserstoff", wurde zur Kernschmelze gebracht. Dabei entstand Helium, viele andere Elemente und eine gigantische Energie, die sich innerhalb weniger Sekunden zu einem fünf Kilometer großen Feuerball aufblähte. In diesem Moment war die gesamte Testanlage, die 43 Tonnen schwere eigentliche Bombe, die 20 Tonnen schwere Kühlanlage, das Schutzhaus um die Anlage, der Funkmast und alles weitere auf Elugelab bereits spurlos verdampft.

Sogar die Insel selbst – 500 Meter lang und 300 breit– verschwand. Jetzt klaffte dort ein Krater von 60 Metern Tiefe und drei Kilometern Durchmesser. Man kannte die Atombombe, aber diese Bombe eröffnete eine neue Dimension – und eine neue Runde im Wettrüsten.

Der Sprengsatz, wegen seiner Form *Sausage* (Wurst) genannt, war 6,19 Meter hoch und 2,03 Meter im Durchmesser; die gesamte Apparatur war 62 Tonnen schwer. Anderthalb Minuten nach der Zündung am 1. November bildete sich eine 17 Kilometer hohe Pilzwolke; 60 Sekunden später maß sie bereits 30 Kilometer und stieg weiter, bis in 43 Kilometer Höhe. Die US-Schiffe weit südlich von Eniwetok wurden von einer gewaltigen Schockwelle durchgerüttelt. Die freigesetzte Energie wurde auf 10,4 Millionen Tonnen konventionellen Sprengstoffs geschätzt – eine unvorstellbare Zerstörungskraft, die mehr als 500 Hiroshima-Bomben entsprach.

Edward Teller, der nicht zum Test nach Eniwetok gereist war, beobachtete die Auswirkungen der Explosion auf einem Seismometer im Keller eines Instituts der Universität Berkeley. Noch bevor die Wissenschaftler in Los Alamos eine Erfolgsbestätigung erhalten hatten, schickte Teller ihnen folgendes Telegramm: „*It's a boy*".

Noch in 20 Kilometern Entfernung von der Explosionsstelle gab es Vögel mit angesengten und verbrannten Federn; viele zeigten später die Symptome der Strahlenkrankheit. Fast alle Pflanzen und Bäume auf den Inseln waren verbrannt.

Der durch die neue Superwaffe erreichte militärische Vorsprung der USA gegenüber der Sowjetunion hielt nur relativ kurz. Entsprechend einer Resolution des Ministerrats der UdSSR vom 26. Februar 1950 waren die „Arbeiten zum Bau von RMS-6" – so wurde die Bombe genannt – vorangetrieben worden. Auf dem Testgelände Semipalatinsk in Kasachstan explodierte am 12. August 1953 die sowjetische Wasserstoffbombe mit 400 Kilotonnen Sprengkraft – etwa 30mal so stark wie die Hiroshima-Bombe.

„Bis jetzt", so US-Präsident Eisenhower, „ist Krieg immer nur ein Wettkampf gewesen, aber mit diesen Waffen ist es nicht länger ein Wettstreit, sondern bedeutet vollkommene Zerstörung."

Das wurde noch deutlicher am 1. März 1954, als die USA die bis dahin stärkste Wasserstoffbombe auf dem Bikini-Atoll zündeten, wobei dieser *Castle Bravo*-Test außer Kontrolle geriet. Die Bombe entwickelte nämlich das Dreifache der berechneten Sprengkraft: statt 5 Millionen Tonnen 15 Millionen (die Hiroshima-Bombe hatte 13.000 Tonnen Sprengkraft). Der radioaktive Fallout überschritt um mehrere 100 Kilometer die Grenzen des zur Sperrzone erklärten Gebietes von 150 Kilometern. „Die Aussichten sind wirklich erschreckend", so Eisenhower zu einem besorgten Churchill: „Wir müssen Wege finden, falls möglich, um diese Gefahr auszuschalten."

Es war nicht möglich. Im Gegenteil: die Sowjetunion zündete am 31. Oktober 1961 über dem Archipel Nowaja Semlja im Norden des Landes die stärkste Wasserstoffbombe überhaupt; es war die größte jemals von Menschen verursachte Explosion. Die Sprengkraft der „Zar-Bombe" – wie sie im Westen genannt wurde – betrug zwischen 50 und 60 Megatonnen, d. h., sie war etwa 4000 mal so stark wie die Hiroshima-Bombe und drei bis viermal so stark wie *Castle Bravo*. Der Feuerball dehnte sich bis in eine Höhe von 10 Kilometern aus, der Atompilz wuchs auf eine Höhe von 64 Kilometer. Noch in 270 Kilometern fühlten Beobachter die Hitze der Bombe auf ihrer Haut. Im mehr als 1000 Kilometer entfernten Norwegen und Finnland zerbrachen Fensterscheiben. In der UNO betonte der amerikanische Vertreter Adlai Stevenson: „Die Welt hat einen großen Schritt zurück getan, hin zu Anarchie und Unheil."

Die Bombe im Kalten Krieg

Militärisch war das alles vollkommen sinnlos, da keine Rakete eine so schwere Bombe tragen konnte und am strategischen Verhältnis USA – Sowjetunion nichts änderte. Und das lautete 17:1. Zu dem Zeitpunkt war bereits der amerikanische Plan SIOP in Kraft: der *Single Integrated Operational Plan*; er war streng geheim und wurde erst 1986 deklassifiziert. In diesem Plan waren 1777 Ziele in allen Ländern des chinesisch-sowjetischen Blocks aufgelistet, mit der Mehrzahl in der Sowjetunion. Innerhalb von 28 Stunden wären diese Länder im Kriegsfall von 2258 Flugzeugen und Raketen mit insgesamt 3423 Atom- und Wasserstoffbomben angegriffen worden. Man ging davon aus, dass 54 Prozent der sowjetischen Bevölkerung und 16 Prozent der chinesischen Bevölkerung getötet worden wären, bei 16 Millionen Toten in den USA. In der Folge rüstete dann auch die Sowjetunion massiv auf – bis zum *Overkill*: mit den dann vorhandenen Waffen hätte man die Welt gleich mehrfach vernichten können.

Dazu ist es nicht gekommen. Es ist bei Hiroshima und Nagasaki geblieben, auch wenn es immer wieder Überlegungen gegeben hat, die Bombe einzusetzen, z. B. auf amerikanischer Seite in der schwierigen Phase des Koreakrieges im November/Dezember 1950. Als die Volksrepublik China am 28. November mit mehreren 100.000 Soldaten in den Krieg eingriff und die 6. US-Armee bei dem schlimmsten Rückzug ihrer Geschichte schwere Verluste erlitt, hieß es im Pentagon, die USA sollten nunmehr alle notwendigen Schritte unternehmen, um sicherzustellen, „dass die Atombombe sofort gegen die chinesischen Kommunisten eingesetzt werden kann, entsprechend dem Befehl des Präsidenten, wenn bzw. falls dieser Befehl kommt". Der US-Oberbefehlshaber im Koreakrieg,

Douglas MacArthur, forderte wenig später den Abwurf von 34 Atombomben in Korea und China und lieferte die Ziele gleich mit. Sein Motto lautete: „Im Krieg gibt es keinen Ersatz für den Sieg." Dem stellte der Vorsitzende der Vereinigten Stabschefs, Omar Bradley, den später oft zitierten Satz entgegen, das wäre dann „der falsche Krieg am falschen Ort, zur falschen Zeit mit dem falschen Gegner". Der richtige Gegner war die Sowjetunion. Der Befehl des Präsidenten zum Einsatz der Bombe kam denn auch nicht: Truman wollte nicht für den Tod von Millionen Menschen verantwortlich sein. Er entließ MacArthur im April 1951.

Trumans Nachfolger hieß Dwight D. Eisenhower. Der wollte den Krieg in Korea um beinahe jeden Preis beenden – wie im Wahlkampf versprochen. Um die Kommunisten an den Verhandlungstisch zu bringen, verkündete er im Februar 1953, dass die USA den Nationalchinesen Tschiang Kai-schek bei dessen Bemühungen, das chinesische Festland zurückzuerobern, nicht weiter zurückhalten würden. Gleichzeitig wurden von den Stabschefs Überlegungen zur Beendigung des Krieges konkretisiert. Sie schlugen die Ausweitung des Krieges vor, nämlich „extensive strategische und taktische Einsätze von Atombomben gegen China, um maximale Überraschung und Wirkung zu erzielen". Dabei war man sich darüber im Klaren, dass das möglicherweise zum Krieg mit der Sowjetunion in Asien oder sogar zu einem Weltkrieg führen würde. Die Reaktion blieb nicht aus. Die Kommunisten, die von der Absicht der US-Regierung erfahren hatten, akzeptierten jetzt einen Waffenstillstand, der im Juli 1953 geschlossen wurde. Mit zu diesem Beschluss beigetragen hatte offensichtlich auch der Tod Stalins im März 1953. Der sowjetische Diktator hatte bis dahin jeden Schritt zur Beendigung des Krieges abgelehnt.

Von der amerikanischen Entschlossenheit zum Einsatz der Atombomben damals haben wir lange Zeit nichts Genaues gewusst; Eisenhower hatte das in seinen Erinnerungen nur angedeutet.

Dann die Kubakrise im Oktober 1962. Damals stand die Welt tatsächlich 13 Tage am atomaren Abgrund. Nie zuvor

MRBM FIELD LAUNCH SITE
San Cristobal #1
14 OCTOBER 1962
TENT AREAS

National Archives II, College Park, Maryland

Eines der berühmtesten Bilder des Kalten Krieges: Die U-2-Aufnahme vom 14. Oktober 1962, die beweist, dass die Sowjetunion Atomraketen auf Kuba stationiert hat. Die nachfolgende Kubakrise bringt die Welt an den Rand eines Atomkrieges.

und auch nicht später hat es eine so kritische Situation gegeben. Am 24. Oktober 1962 hatte US-Präsident John F. Kennedy den Befehl ausgelöst, die Alarmbereitschaft für das strategische Luftwaffenkommando (*Strategic Air Command, SAC*) auf DEFCON-2 zu erhöhen – zum ersten und einzigen Mal in der Geschichte der USA. Was Kennedy nicht wusste und nicht autorisiert hatte, war, dass der Chef von *SAC*, General Thomas Power, den entsprechenden Befehl unverschlüsselt durchgab, sodass die Sowjets sofort wussten, wie die Lage in Washington war. Power hatte 1960 intern einmal folgendes gesagt – was an den Kultfilm des Kalten Krieges, Dr. Strangelove (*Dr. Seltsam oder: wie ich lernte, die Bombe zu lieben*) mit Peter Sellers erinnert:

„Zurückhaltung? Warum ist es Ihnen so wichtig, den Russen das Leben zu retten? Es geht doch gerade darum, die Kerle zu töten. Wenn bei Kriegsende zwei Amerikaner und ein Russe am Leben bleiben, dann haben wir gewonnen", worauf sein Gegenüber geantwortet hatte: „Dann sollten Sie besser dafür sorgen, dass die zwei Amerikaner ein Mann und eine Frau sind." Ein Jahr zuvor hatte Power klargestellt, dass „jetzt und im kommenden Jahr die größte Gefahr eines sowjetischen Überraschungsangriff besteht. Falls ein allgemeiner Atomkrieg unvermeidlich ist, dann sollten die USA jetzt zuschlagen."

Am 28. Oktober 1962, dem „schwarzen Samstag", gab Kennedy grünes Licht für den Angriff auf Kuba für den übernächsten Tag. Die Amerikaner wussten zu diesem Zeitpunkt nicht, dass auf Kuba

1. acht Raketen mit Sprengköpfen einsatzbereit waren, Sprengkraft: jeweils 1 Million TNT (das entsprach 77 Hiroshima-Bomben). Das war so viel Sprengkraft wie alle Bomben, die während des Zweiten Weltkrieges abgeworfen worden waren. Acht weitere Mittelstreckenraketen mit Atombomben standen in Reserve;

2. 80 Marschflugkörper mit je einem Atomsprengkopf in Hiroshima-Stärke auf Kuba einsatzbereit waren;

3. drei dieser Marschflugkörper für die Vernichtung der amerikanischen Marinebasis Guantanamo auf Kuba bereits in Stellung gebracht worden waren.

Nicht „schieres Glück" hat damals die Katastrophe verhindert, wie US- Verteidigungsminister Robert McNamara später meinte, sondern die Entscheidung Chruschtschows, die Raketen zurückzuziehen, um das „finale Scheitern" zu verhindern.

Eine Konsequenz aus der Konfrontation vom Oktober 1962 war im Sommer 1963 das Abkommen über ein Verbot von Kernwaffenversuchen in der Atmosphäre, im Weltraum und unter Wasser. Bundeskanzler Konrad Adenauer sah das Abkommen damals eher kritisch, nicht zuletzt, weil auch die DDR zu den Unterzeichnerstaaten gehörte. Zu McNamara meinte er, das Abkommen werde in weiten Kreisen zwar als Fortschritt angesehen, weil dadurch die Versuche in der Atmosphäre und im Weltraum eingestellt würden, nicht betroffen seien allerdings die Versuche unter der Erdoberfläche, was doch dem Bereich der Menschheit sehr viel näher läge, „als wenn irgendwo hinter dem Mond etwas zur Explosion gebracht würde".

Fünf Jahre später, 1968, wurde auf Initiative der Atommächte USA und Sowjetunion der Atomwaffensperrvertrag vorgelegt. Zu dem Zeitpunkt gab es drei weitere Atommächte: Großbritannien seit 1952, Frankreich seit 1960, und die Volksrepublik China seit 1964. Inzwischen sind 191 Länder dem Abkommen beigetreten und haben sich damit verpflichtet, regelmäßige Kontrollen der Internationalen Atomenergieorganisation zuzulassen. Nicht unterzeichnet haben Indien (Atommacht seit 1974), Pakistan (?), Israel (1967?). Nordkorea (2006?) ist 2003 ausgetreten.

Und Hiroshima? In den ersten Jahren der amerikanischen Besatzung war das zerstörte Zentrum der Stadt Sperrgebiet. Farbaufnahmen der US-Armee wurden erst 1980 freigegeben. Daraus entstand die erste Dokumentation (s. u.), in der auch Atombombenopfer (*hibakusha*) zu sehen sind. Bei relativ schnell nachlassender Radioaktivität wurde die Stadt wieder bewohnbar. Sie ist heute eine „normale" japanische Millionenstadt (1,2 Million Einwohner), und ist dennoch anders: Sie ist die Stadt, auf die die erste Atombombe abgeworfen wurde; jedes Jahr am 6. August wird an jenen Montag im August 1945 erinnert, als die Bombe fiel. Auch sonst wird die Erinnerung wachgehalten: es gibt einen Friedensgedächtnispark und ein Friedensgedächtnismuseum. Eines von drei Gebäuden, die damals stehen geblieben waren, ist als „Atombombendom" zum Mahnmal geworden. 1996 wurde es von der UNESCO zum Weltkulturerbe ernannt, zur Erinnerung an den ersten Abwurf einer Atombombe und als Symbol des Friedens. Peking war dagegen, weil es eine Relativierung der japanischen Kriegsverbrechen befürchtet; Washington sprach sich ebenfalls gegen diese Entscheidung aus. Für die USA ist die Interpretation der Atombombenabwürfe nach wie vor unstrittig: Sie waren notwendig, um den Krieg zu verkürzen und amerikanische Soldaten vor dem Tod zu bewahren. Die *Enola Gay* wurde restauriert und steht jetzt zusammen mit 200 anderen

Flugzeugen in einem Museum für Luftfahrttechnik in der Nähe von Washington.

Und das Bikini-Atoll? Nach der Operation *Crossroads* im Jahre 1946 wurden dort bis 1958 weitere 21 – und in der weiteren Umgebung noch mehr – Atomwaffenversuche durchgeführt. Bemühungen, die ehemaligen Bewohner dort wieder anzusiedeln, scheiterten; das Atoll ist zu sehr radioaktiv verseucht und unbewohnbar geblieben. Die UNESCO erklärte das Atoll im Jahre 2010 zum Weltkulturerbe – zur ständigen Erinnerung an den Kalten Krieg und die Folgen des atomaren Rüstungswettlaufs.

Friedensdenkmal in Hiroshima, das nach dem Ende der amerikanischen Besatzung 1952 eingeweiht wurde. Die Inschrift auf dem steinernen Sarkophag, in dem eine Rolle mit den Namen der Atombombenopfer aufbewahrt wird, lautet: „Ruhet in Frieden, denn wir werden die Fehler nicht wiederholen." Durch den Bogen blickt man auf den „Atombombendom" (im Hintergrund).

Literatur

Richard Rhodes, *Die Atombombe oder Die Geschichte des 8. Schöpfungstages*, Nördlingen 1989.

Gar Alperovitz, *Hiroshima: Die Entscheidung für den Abwurf der Bombe*, Hamburg 1995.

Rolf Steininger, *Der Kalte Krieg*, Frankfurt am Main, 5. Aufl. 2011 (mit einem Kapitel über die Atombombe).

Florian Coulmas, *Hiroshima: Geschichte und Nachgeschichte*, München 2010 (Beck'sche Reihe; mit Schwerpunkt auf der Nachgeschichte).

Film

Verbrannt – Verstrahlt – Vernichtet
Atombomben auf Hiroshima und Nagasaki
45 Min., Farbe; Produktion und Realisation 1982: Heribert Schwan, Rolf Steininger.
Der Film erhielt auf den 29. Westdeutschen Kurzfilmtagen in Oberhausen 1983 u. a. den vom Kulturminister des Landes Nordrhein-Westfalen gestifteten Preis für den besten Film mit bildungspolitischem Thema; abrufbar unter www.rolfsteininger.at

Internet

The Manhattan Project.
U. S. Department of Energy – Office of Scientific and Technical Information; www.osti.gov

The Decision to Drop the Atomic Bomb.
75 Dokumente auf der website der Harry S. Truman Library;
www.trumanlibrary.com

Project of the Nuclear Peace Foundation
59 Dokumente plus Auszüge aus den Tagebüchern von Truman, Groves und Stimson;
www. nuclearfiles.org

Bombing of Hiroshima and Nagasaki
www.history.com
(mit Videos und Reden im O-Ton)

Empfehlenswert auch die Wikipedia-Beiträge (englisch und deutsch) über den Abwurf der Bomben.